BEI GRIN MACHT SICH IHR WISSEN BEZAHLT

- Wir veröffentlichen Ihre Hausarbeit,
  Bachelor- und Masterarbeit

- Ihr eigenes eBook und Buch -
  weltweit in allen wichtigen Shops

- Verdienen Sie an jedem Verkauf

Jetzt bei www.GRIN.com hochladen und kostenlos publizieren

GRIN

Psychologie des Gesundheitsverhaltens. Selbstwirksamkeitserwartung, Suchterkrankungen und Beratungsgespräche

Regina Wenzinger

Bibliografische Information der Deutschen Nationalbibliothek:

Die Deutsche Nationalbibliothek verzeichnet diese Publikation in der Deutschen Nationalbibliografie; detaillierte bibliografische Daten sind im Internet über http://dnb.d-nb.de abrufbar.

ISBN: 9783346279736
Dieses Buch ist auch als E-Book erhältlich.

Druck und Bindung: Books on Demand GmbH, Norderstedt Germany
Gedruckt auf säurefreiem Papier aus verantwortungsvollen Quellen

Das vorliegende Werk wurde sorgfältig erarbeitet. Dennoch übernehmen Autoren und Verlag für die Richtigkeit von Angaben, Hinweisen, Links und Ratschlägen sowie eventuelle Druckfehler keine Haftung.

Das Buch bei GRIN: https://www.grin.com/document/942100

Deutsche Hochschule für

Prävention und Gesundheitsmanagement

Hermann Neuberger Sportschule 3

66123 Saarbrücken

Einsendeaufgabe

Fachmodul:	Psychologie des Gesundheitsverhaltens
Studiengang:	Bachelor Gesundheitsmanagement
Datum Präsenzphase:	18.03.2019 – 20.03.2019
Name, Vorname:	Wenzinger, Regina

Inhaltsverzeichnis

1 Selbstwirksamkeitserwartung

1.1 Definition

Laut Krapp und Ryan (2002) stellt das Konstrukt der Selbstwirksamkeitserwartung, eine Weiterentwicklung des traditionellen Reiz-Reaktions-Schemas des behavioristischen Denkansatzes, dar. Basierend auf der sozial-kognitiven Lerntheorie von Bandura (1992, 2001), veranschaulichte dieser an diversen Beispielen, die Steuerung menschlicher Verhaltensweisen durch Emotionen (Schwarzer & Jerusalem, 2002).

Eine zentrale Rolle diesbezüglich spielt der Begriff der Selbstwirksamkeit, der wie folgt definiert werden kann: „die subjektive Gewissheit einer Person, neue oder schwierige Anforderungssituationen aufgrund eigener Kompetenzen bewältigen zu können (Schwarzer & Jerusalem, 2002)."

Dabei ist die Selbstwirksamkeitserwartung individuell unterschiedlich ausgeprägte. Diese Ausprägung beeinflusst dabei Handlungsinitiierung, d.h. die Wahl von Handlungsalternativen, sowie die Anstrengung und Aufrechterhaltung der Handlung gegenüber Widerständen (Bandura, 1977). Bandura verdeutlicht in seiner sozial-kognitiven Lerntheorie, die Bedeutung dieser Erwartungshaltung, da diese sich nicht direkt auf die tastsächlichen Kompetenzen der Person bezieht, jedoch auf die individuelle Einschätzung der eigenen Fähigkeiten und deren Konsequenzen. Folglich ist davon auszugehen, dass eine Person eine Handlung nur dann ausführt, wenn diese mit ausreichend hoher Selbstwirksamkeitserwartung und positiver Ergebniserwartung verbunden ist (Bandura, 1977). Die Handlungs-Ergebnis-Erwartung (Konsequenzerwartung) ist dabei als unabhängige Komponente zu betrachten. Ausgangspunkt für dieses subjektive Urteil ist die eigenen Selbstwahrnehmung. Ergänzend zu der ursprünglichen Theorie von Bandura, konnte Luthans et al. (2007) eine Beziehung zwischen äußeren Einflüssen und der eigenen Selbstwirksamkeit feststellen. Andere Personen können somit positiv als auch negativ auf die individuelle Selbstwahrnehmung einwirken. Weiter verstehen Jonas & Brömer (2002) das Modell der Selbstwirksamkeitserwartung auch als „Anlehnung an das generelle Selbstwertgefühl und darüber hinaus als abstrakte und stabile Persönlichkeitsdisposition". Eine hohe Selbstwirksamkeitserwartung beeinflusst somit das Selbstwertgefühl positiv.

3

1.2 Messung spezifischer Selbstwirksamkeitserwartung

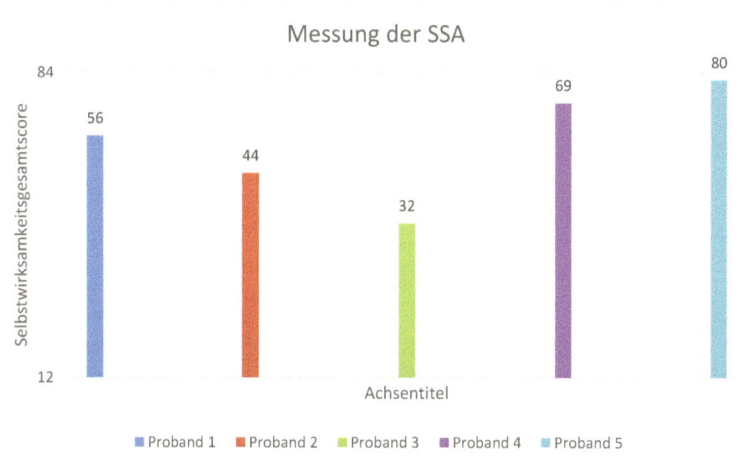

Abb. 1: SSA-Skala zur sportlichen Aktivität anhand von 5 Probanden

Die in Abbildung 1 dargestellten Inhalte, spiegeln die Ergebnisse der spezifischen Selbstwirksamkeit zur sportlichen Aktivität (SSA) von fünf Testpersonen wieder.

Dabei wurde die modifizierte SSA-Skala, nach Fuchs & Schwarzer (1994, S.146) verwendet. Bestehend aus zwölf Fragen, die nach einem Punktesystem zwischen 1 (gar nicht sicher) und 7 (ganz sicher) beantwortet werden können, ergibt sich die Auswertung des Fragebogens durch die Summe der zwölf Antworten. Daraus resultiert ein Score zwischen 12 und 84. Je höher der Gesamtscore der Testperson, desto besser ist die spezifische Selbstwirksamkeit im Bezug auf sportliche Aktivitäten. Eine hoher SSA-Score gibt somit Aufschluss über die Wahrscheinlichkeit bestimmter gesundheitsbezogener Verhaltensweisen. Bei Proband 4 (Score = 80) sowie Proband 5 (Score = 69) ist somit anzunehmen, dass gesundheitlich riskante Verhaltensweisen vermieden, sowie positive Verhaltensweisen über längere Zeit aufrechterhalten werden. Die Überzeugung, ein körperlich forderndes Trainingsprogramm absolvieren zu können, ist somit die Voraussetzung für die Planung, Ausführung und Aufrechterhaltung dessen (Schwarzer, 2004, S.184). Proband 1 (Score = 56) lässt sich anhand der SSA-Skala nahe dem Mittelwert einordnen. Gesunde Verhaltensweisen scheinen für ihn schwieriger aufrechtzuerhalten, besonders in Gegenwart schwieriger Anforderungssituationen. Laut subjektiver Einschätzung von Proband 2

4

(Score = 44) sowie Proband 3 (Score = 32) verfügen beide über relativ geringe Selbstwirksamkeitserwartung. Die Differenz der SSA-Scores der fünf Probanden kann auf vo-
rausgegangene direkte, indirekte sowie symbolische Erfahrungen zurück zu führen sein
(Schwarzer, 2004, S.19).

1.3 Studienvergleich

Tab. 1: Studienvergleich

	Dohnke et al (2006)	Schneider & Rief (2007)
Fragestellung (en)	- Inwiefern haben Ergebnis- und Selbstwirksamkeitser- wartung Einfluss auf die Ge- nesung nach einer Hüftge- lenksoperation? - Welchen Einfluss haben kör- perliche Beschwerden, emoti- onales Wohlbefinden und ver- schiedene handlungsbezo- gene Erfahrungen auf die Er- wartungstypen?	- Steigern Therapieerfolge bei Schmerzbewältigung und Be- einträchtigung zur Steigerung der Selbstwirksamkeitserwar- tung?
Stichprobe	- In 13 orthopädischen Rehakliniken - 1065 Patienten, davon 60% Frauen, 40% Männer - Durchschnittsalter: 64,58 Jahre - 92% der Patienten mit Hauptdiagnose Hüftarthrose	- 316 Patienten (Edertal Kli- nik, stationäre psychosomati- sche Reha zwischen 2002 und 2003) - 85,1% weiblich, 14,9% Män- ner - Durchschnittsalter: 47,9 Jahre - Hauptdiagnose: anhaltende somatoforme Schmerzstö- rung
Materialien / Test	Drei skalierte Fragebögen zu drei verschiedenen Zeitpunk- ten: - Reha Beginn (T1), Reha Ende (T2), 6 Monate nach Reha Ende (T3)	Zwei Fragebögen zu zwei Zeitpunkten: - Aufnahme und Entlassung - Skalenbewertung hinsicht- lich Selbstwirksamkeit, Schmerzbewältigung,

	- Untersuchung bezieht sich primär auf T1 und T2 - Auswertung von Alter, Geschlecht, Schmerzen (drei Belastungssituationen / Bewertung des Schmerzes anhand von Skala 0-11), behandlungsbezogenen Erfahrungen, Ergebnis- und Selbstwirksamkeitserwartung, ärztliche Diagnose zu körperlichem Gesundheitszustand, ADL-Funktion (=Activities of Daily Living, Bewertung anhand von Skala „nein – nur mit Hilfe – ja"), Depressivität (Bewertung anhand von Skala, Häufigkeit des Zutreffens der Aussagen)	schmerzbedingter und allgemein psychischer Beeinträchtigung
Untersuchungsdesign	Multizentrische Längsschnittstudie (drei Messzeitpunkte): Beginnt durchschnittlich 21,56 Tage nach OP, endet nach durchschnittlich nach 22,64 Tagen	Feldstudie (Aufnahme und Entlassung) Dauer der stationären Behandlung durchschnittlich 38,4 Tage
Hauptergebnisse	- je besser die Ergebnisse von T1 (geringe Schmerzen, geringe eingeschränkte ADL-Funktion) desto bessere Ergebnisse zu T2 - bessere Ergebnisse der Reha bei vorrausgegangener hoher Selbstwirksamkeits- und Ergebniserwartung (T1) - Je besser emotionales Wohlbefinden, behandlungsbezogene Erwartung sowie körperlicher Zustand bei T1	Steigerung der Selbstwirksamkeit und dadurch bessere Therapieerfolge durch: - Minderung der schmerzbedingten sowie allgemeinpsychischen Beeinträchtigung - Verbesserung der Schmerzbewältigungsstrategien - direkte und erlebte Therapieerfolge Fazit: Patienten mit somatoformer Schmerzstörung ändern sich Selbstwirksamkeitserwartung in Abhängigkeit

	desto bessere Ergebniserwartung - Deutlicher Unterschied zwischen Frauen und Männern: Höhere ADL-Einschränkungen zu T1 bei Frauen sowie mehr Einschränkungen zu T2 aufgrund erwarteter Einschränkungen Fazit: signifikante Wechselwirkung zwischen Selbstwirksamkeitserwartung sowie Ergebnissen der Reha	von Veränderungen der erlebten Beeinträchtigung und Schmerzbewältigungsstrategien.
—		

Bei direktem Vergleich beider Studien, können Gemeinsamkeiten sowie Unterschiede festgestellt werden. Die Studien nutzen mehrere Zeitpunkte, wobei Dohnke et al. zusätzlich einen dritten Zeitpunkt zur Befragung wählten. Des Weiteren bestehen Differenzen im Alter der Probanden, sowie der Dauer der Behandlung. Hinsichtlich der durchgeführten Methodik verwenden Dohnke et al. skalierte Fragebögen, welche sich aufgrund ihrer einfacheren Durchführung, bei größeren Stichprobengrößen besser eignen. Eine komplexere Methode verwendeten hingegen Schneider & Rief. Die Daten wurden mit Strukturgleichungsmodellen im Rahmen konfirmatorischer Pfadanalysen analysiert und kreuzvalidiert. Eine signifikante Gemeinsamkeit besteht in der Wahl des Untersuchungsthemas. Ausgangspunkt für beide Forschungsgruppen ist hier, die von Bandura geprägte Theorie zur Selbstwirksamkeit. Obwohl beide Studien diese als Untersuchungsinhalt wählten, sind dennoch die verschiedenen Perspektiven und Herangehensweisen ausschlaggebend für die Ergebnisse. In der Untersuchung von Dohnke et al., steht die Selbstwirksamkeit zu Beginn der Reha und deren Einfluss auf den Therapieerfolg, im Mittelpunkt. Dabei wurden Einflussgrößen wie der allgemeine Gesundheitszustand, emotionales Wohlbefinden sowie behandlungsbezogene Erfahrungen evaluiert. Im Kontrast steht hingegen die Studie von Schneider & Rief. Die Forschung konzentrierte sich auf den Einfluss des Therapieerfolges auf die Selbstwirksamkeitserwartung der Probanden. Als Behandlungsmethoden wurden verschiedene, psychosomatische Strategien verwendet und die Stärke ihrer Wirkung auf die Probanden untersucht.

Zusammenfassend ist zu nennen, dass die Selbstwirksamkeit enorme Auswirkungen auf den Rehabilitationserfolg hat. Positive Erfahrungen in Bezug auf Therapieergebnisse verstärken wiederum die eigenen Selbstwirkung. Die logische Schlussfolgerung aus beiden Studienergebnissen macht deutlich, dass die oben genannte Wechselwirkung, von großer Bedeutung für zukünftige Rehabilitationskonzepte ist.

2 Literaturrecherche Suchterkrankungen

2.1 Definition

Das Wort Sucht ist etymologisch auf das Wort *siechen*, also an einer Krankheit leiden, zurückzuführen. Sucht und Abhängigkeit werden synonym verwendet und können wie folgt definiert werden:

„Sucht ist ein unabweisbares Verlangen nach einem bestimmten Erlebniszustand. Diesem Verlangen werden die Kräfte des Verstandes untergeordnet. Es beeinträchtigt die freie Entfaltung der Persönlichkeit und zerstört die sozialen Bindungen und die sozialen Chancen eines Individuums. " (Wanke, 1985, S. 20)

Laut ICD-10 (Dilling et. al., 2000), sollte die Diagnose einer Suchterkrankung, nur beim Zutreffen von mindestens drei der folgenden Kriterien getroffen werden Diese sollten laut WHO alle innerhalb eines Jahres oder fortlaufend einen Monat lang, auftreten:

1. Ein starker Wunsch oder eine Art Zwang zu konsumieren;
2. Verminderte Kontrollfähigkeit in Bezug auf den Beginn, die Beendigung oder die Menge des Konsums;
3. Ein körperliches Entzugssyndrom bei Beendigung oder Reduktion des Konsums;
4. Nachweis einer Toleranz, im Sinne von erhöhten Dosen, die erforderlich sind um die ursprüngliche (durch niedrigere Dosen erreichte) Wirkung, hervorzurufen;
5. Fortschreitende Vernachlässigung anderer Vergnügungen oder Interessen zugunsten des Konsums, sowie ein erhöter Zeitaufwand, um zu konsumieren oder sich von den Folgen zu erholen;
6. Anhaltender Konsum trotz des Nachweises eindeutig schädlicher Folgen, über welche sich der Konsument bewusst ist oder sein könnte.

2.2 Theoretische Grundlagen

Nach Definition der WHO (1957) ist Sucht ein: „Zustand periodischer oder chronischer Intoxikation, verursacht durch wiederholten Gebrauch einer natürlichen oder synthetischen Substanz, der für das Individuum und die Gemeinschaft schädlich ist". Es wird deutlich, dass durch die sogenannte „Intoxikation", Prozesse bei dem Betroffenen hervorgerufen werden, die sein psychisches und physische Wohlbefinden negativ beeinflussen. Das „stoffgebundene Abhängigkeitssyndrom" (ICD-10) wird verursacht durch die wiederholte Einnahme psychotroper Substanzen. Es kann sich dabei um einen spezifischen Stoff, eine gesamte Substanzgruppe oder ein vielfältiges Spektrum an pharmakologisch unterschiedlichen Substanzen handeln (Haasen, et.al., 2010). Kennzeichnend sind verschiedene körperliche, verhaltensbezogene sowie kognitive Phänomene, die der Konsument daraus entwickelt (Freyberger & Stieglitz, 2001).

Im Gegensatz zur stoffgebundenen Abhängigkeit, können auch Suchterkrankungen in Bezug auf bestimmte Verhaltensweisen entstehen. In diesem Fall werden keine psychotropen Substanzen zugeführt, sondern der suchterzeugende Effekt wird durch exzessiv belohnende Verhaltensweisen ausgelöst. Die psychischen sowie physischen Symptome werden durch körpereigene, biochemische Veränderungen bewirkt.

2.3 Entstehung

Grundlage für menschliches Verhalten und Motivation, ist das Streben nach Belohnung und das Vermeiden von Bestrafung (Rademacher & Spreckelmeyer, 2013). Mit diesem Reiz-Reaktions-Lernen befassten sich diverse Psychologen. Beispielhaft ist hier Pawlow zu nennen, der als Begründer der klassischen sowie operanten Konditionierung gilt. Auf neuronaler Ebene spielt der Neurotransmitter Dopamin eine entscheidende Rolle für belohnungsbezogenes Lernen. Das sogenannte Belohnungssystem, eine Region des Gehirns, wird dann aktiv, wenn ein bestimmtes Verhalten mit einem angenehmen Gefühl einhergeht (Prölß et. al., 2019). Bestimmte Substanzen, aber auch Verhaltensweisen beanspruchen demnach die beteiligten Hirnareale anders als nicht suchterzeugende Substanzen / Tätigkeiten. Robinson und Berridge (2002, S. 91-117) gehen von einer Sensitivierung des Belohnungssystems aus, d. h., Stimuli oder Verhaltensweisen, ziehen Aufmerksamkeit auf sich und motivieren aufgrund übermäßiger Dopamin Ausschüttung zum Konsum. Dennoch ist allgemein festzuhalten, dass für die Entstehung einer Abhängigkeit

9

mehrere Faktoren verantwortlich sind. Laut Beise et. al. (2009) wirken sowohl geneti-
sche, soziale als auch Lernfaktoren zusammen. Andere psychische Störungen begünsti-
gen ebenso die Entstehung einer Abhängigkeit.

2.4 Überblick über aktuelle Daten und Zahlen

„Epidemiologische Studien zu Substanzkonsum und Substanzstörungen in der allgemei-
nen Bevölkerung oder bei speziellen Zielgruppen […] sind schwierig und aufwendig
durchzuführen und unterliegen erheblichen Reliabilitäts- und Validitätsproblemen. Die
Gründe dafür sind vielfältig" (Wittchen & Hoyer, 2006, S.707).

Bei genauer Betrachtung vorliegender Fakten wird dennoch deutlich, dass Männer gene-
rell häufiger von Suchterkrankungen betroffen sind als Frauen (Prölß et.al., 2019). Es gibt
eine deutliche Tendenz zum Mischkonsum. 9,5 Millionen Deutsche nehmen regelmäßig
Alkohol zu sich, wovon 1,3 Millionen abhängig sind. Das durchschnittliche Einstiegsalter
liegt bei 12-13 Jahren. Bereits 75% dieser Altersgruppe haben Erfahrungen mit dem Konsum und mehr als 12% trinken regelmäßig Alkohol. Aktuell wird Cannabis am häufigsten
missbraucht. Jeder vierte deutsche Erwachsene hat Cannabis mindestens probiert. Auch
hier beginnt der Konsum häufig in jungem Alter (ca. 12 Jahre). Etwa 2-3% der Bevölkerung berichten, im Laufe ihres Lebens, synthetische Drogen (zum Beispiel Kokain, Ecstasy etc.) zu sich genommen zu haben. Typisch für diese sogenannten „Partydrogen" ist
das Ende des Konsums zum 30. Lebensjahr (wobei einige bis ins hohe Alter konsumieren,
jedoch in geringeren Mengen). Da sich der Substanzmissbrauch hier auf eine bestimmte
Bevölkerungsgruppe beschränkt, ist der Missbrauch innerhalb der Partyszene 5- bis 10-
mal höher. Das Abhängigkeitspotenzial von Amphetaminen wird als mittelstark bezeich-
net, Kokain weist ein hohes Suchtpotenzial auf. Im Unterschied dazu ist das Risiko für
Abhängigkeit bei Ecstasy eher gering. Halluzinogene wie LSD, Psilocybin-Pilze haben 4
% der erwachsenen Bevölkerung in Deutschland schon einmal konsumiert, das Abhängigkeitspotenzial wird jedoch als sehr gering angegeben. Aufgezeigte Zahlen zeigen einen Trend zu immer jüngeren Menschen. Maßnahmen zur Eindämmung von Substanz-
abhängigkeiten werden nachfolgend erläutert.

2.5 Präventions- und Interventionsprogramm zur Reduktion von Gesundheitsrisiken

Laut der Bundeszentrale für gesundheitliche Aufklärung, gehört legaler sowie illegaler Drogenkonsum, zu den zentralen Risiken für eine Bevölkerung. Interventionsprogramme sowie Angebote zur Suchttherapie zielen vorranging auf die Verminderung von Drogen initiierten Krankheits- sowie Todesfällen ab. Präventives Handeln hingegen soll nicht nur direkte Begleitfolgen, sondern zusätzlich negative Auswirkungen, die nicht unmittelbar gesundheitsbezogen sind, minimieren. Beispielhaft sind hohe Kosten für den Staat, Beschaffungskriminalität sowie ungewollte Teenagerschwangerschaften zu nennen (Bundeszentrale für gesundheitliche Aufklärung, 2004, S.10). Während einige Genussmittel alltäglich in deutschen Haushalten sind (Alkohol, Zigaretten), gehört der Konsum meist illegaler Substanzen, zum üblichen Experimentierverhalten jüngerer Bevölkerungsgruppen. Da diese Population besonderen Schutzes bedarf, sollen Suchtpräventive Programme hier gegensteuern. Ziel ist, die Befähigung junger Erwachsener gesundheitsförderliche Entscheidungen, im Umgang mit suchtrelevanten Stoffen, zu treffen (BZgA, 2004, S.40). Eine adäquate suchtpräventive Unterstützung ist während der gesamten Lebensspanne von großer Bedeutung. Die ausgewählte Zielgruppe ist hier nur beispielhaft angeführt. Für junge Erwachsene ist besonders das Setting Sportverein für Präventionsangebote geeignet. Diese Umgebung wird von der Zielgruppe, außerhalb des familiären sowie schulischen Alltags, sehr häufig aufgesucht. Laut der Bundeszentrale für gesundheitliche Aufklärung sollen entsprechende Informationen *Kinder* und *Jugendliche interessieren, sensibilisieren*, zu gesundheitsgerechtem Verhalten *motivieren* und dazu *qualifizieren*. Es gilt vornehmlich, „[...] biopsychosoziale Kompetenzen (zum Beispiel verbesserte Körperwahrnehmung) zu fördern, um sie zu einer konstruktiven Lebensbewältigung zu befähigen und eine gelungene biografische Entwicklung zu sichern" (BZgA, 2004, S. 40). Eine aktuelle Kampagne der BZgA, die bereits seit den 1990er-Jahren eine zentrale Rolle bei der Aufklärung spielt, ist die *„Kinder stark machen"*. Diese multidimensionale, suchtmittelunspezifische Maßnahme findet im organisierten Breitensport Anwendung und zielt, wie oben detailliert erläutert, auf Verhaltensänderung und Ressourcenstärkung ab. Neben diversen Medien werden bei „Kinder stark machen" ebenso Schulungen für Betreuungspersonen im Sport- und Freizeitbereich angeboten.

2.6 Konsequenzen für eine gesundheitsorientierte Beratung

Ziel einer gesundheitsorientierten Beratung ist die Förderung von Gesundheit in allen Bereichen. Laut WHO (=World Health Organisation) ist Gesundheit: „[…] ein Zustand vollständig körperlichen, geistigen und seelischen Wohlergehens und nicht nur das Fehlen von Krankheit oder Gebrechen". Ein solches Verständnis von Gesundheit verdeutlicht die Rolle des Beraters, der sich nicht rein auf physische Merkmale konzentrieren sollte. Um langfristige Erfolge zu verzeichnen, muss der Klient in seiner Ganzheit verstanden und unterstützt werden. Im Falle einer vorliegenden Suchterkrankung sollten gemeinsam soziale sowie psychische Ursachen erarbeitet und anschließend nachhaltig Ressourcen des Klienten gestärkt werden. Bei der gesundheitsorientierten Beratung von Kindern und Jugendlichen, ist eine präventive Aufklärung sowie frühzeitiges Einschreiten bei Missbrauchsverhalten, unumgänglich. Leitfäden hierzu findet man auf diversen Plattformen, wie unter 2.5 dargestellt.

3 Beratungsgespräch

3.1 Modell des Gesundheitsverhaltens

Prochaska, Norcross und DiClemente (1997) gelten als Begründer des Transtheoretischen Modells („Stages of Change"-Modell, im folgenden TTM genannt). Es handelt sich dabei um einen Beratungs- und Therapiemethoden übergreifenden Ansatz. Beschrieben werden Prozesse und Prinzipien einer intentionalen Verhaltensänderung. Grundlegende Idee des TTM ist, dass die Veränderung in einer zeitlichen Abfolge von Stadien, verläuft. (Busch, 2011, S.180 – 193, Kap. 6). Prochaska et al. gehen davon aus, dass in den verschiedenen Stadien bestimmte Methoden notwendig sind, um eine erfolgreiche Verhaltensänderung zu erzielen. Ausgangspunkt für die Umsetzung ist die Abstimmung von Methode und Stadium. Im Rahmen eines Beratungsgespräches muss also zu Beginn bestimmt werden, auf welcher Stufe der Klient sich befindet. Im Folgenden werden die Stufen der Veränderung kurz dargestellt:

- o Vorstadium des Nachdenkens (precontemplation)
- o Stadium des Nachdenkens (contemplation)
- o Vorbereitungsstadium (preperation)

- o Handlungsstadium (action)
- o Durchaltestadium (maintenance)
- o Schlussstadium (termination)

Im dargestellten Beispiel von Frau M. (30 Jahre alt, 172cm, 88kg, 2 Kinder, 20Stunden/Woche Stadtverwaltung) ist deutlich erkennbar, dass sie sich in Stadium zwei befindet. Sie ist sich ihres Problemverhaltens (dem Übergewicht) bewusst ohne, dass diese Auseinandersetzung ein unmittelbares Eingreifen zur Folge hat. Typisch für die Phase der contemplation ist die Äußerung der Absicht (bei Frau M. der Wunsch ihr Gewicht zu reduzieren). Um in die nächste Stufe voranzuschreiten müssen konkrete Ziele definiert werden sowie Maßnahmen, zur Umsetzung dieser. Die methodische Vorgehensweise empfiehlt hier, das gezielte Wachrütteln von Emotionen im Bezug auf das veränderte Wunschverhalten. Das Entwickeln eines neuen Selbstbildes ist diesbezüglich die nötige Grundlage. Neben den Emotionen können auch andere Folgen (für einen selbst, für andere etc.), im Rahmen einer Pro- und Contra- Liste, gegenübergestellt werden. Die Notwendigkeit zur Entscheidung ist im gesamten TTM nötig, wird aber im Stadium des Nachdenkens am deutlichsten. Absicht einer gesundheitspsychologischen Beratung mit Frau M., ist die Äußerung eines konkreten, zielführenden Verhaltens in Verbindung mit einem Handlungsplan.

3.2 Die Rolle des Beraters

Obwohl die Entscheidung zu einer Verhaltensänderung individuell getroffen wird, kann der Berater, in einem persönlichen Gespräch, entscheidend Einfluss nehmen. Im professionellen Kontext ist dafür eine besondere Form der Beziehungsgestaltung notwendig. Es gilt daher eine personenzentrierte Haltung einzunehmen (Lück, 2011). Die von Rogers geprägte, personenzentrierte Beratung, bezieht sich nicht auf ein bestimmtes Beratungsformat, sondern meint eine Form des Gespräches, die sich auf die Entwicklungsprozesse des Kunden zentriert (Belardi, 2001). Der Berater hat die Aufgabe optimale Bedingungen zu schaffen, damit der Klient *selbst* seine Ziele erschließen kann. Im Fall von Frau M. sollen also ein konkretes Zielgewicht sowie regelmäßige Trainingszeiten erarbeitet werden. Die Bereitschaft zum aktiven Mitwirken des Klienten wird im Kontext von Gesundheitsförderung *Compliance* genannt. Diese stellt die Grundvoraussetzung für nachhaltige

Präventionsmaßnahmen dar. Während des gesamten Gesprächsverlauf spielen verbale sowie nonverbale Kommunikation eine wichtige Rolle. Folgende Aspekte gilt es aus Sicht des Beraters zu beachten:

- o In die Gedanken und Gefühle des Klienten hineinversetzen
- o Individuellen Rapport erstellen, Pacing = Anpassung des Ausdrucksverhaltens (Sommer, 2005, S.50)
- o Wertschätzung zeigen (auch gegenüber bereits gezeigtem, positivem Gesundheitsverhalten)
- o Mehr fragen als selbst sprechen
- o Ideen des Klienten wahrnehmen und integrieren
- o Positive Verstärkung (anhand von Lob, Feedback)
- o Nicht überreden, sondern überzeugen
- o Hilfestellung geben

Ausgangspunkt für einen positiven Gesprächsverlauf und eine dadurch bedingte positive Beziehungsebene, ist der erste Eindruck (Bänsch, 2006). Eine adäquate Vorbereitung ist dafür unumgänglich. Neben organisatorischen Erledigungen (zum Beispiel Unterlagen und Materialen bereitlegen) gehören auch mentale Vorbereitungen zu den ersten Schritten des Beratungsgespräches (zum Beispiel prüfen der eigenen Rolle). „Die durch mentale Vorbereitung erlangte (innere) Sicherheit wird sich in entsprechenden (äußere) Körpersignalen widerspiegeln" (Röhrle & Sommer, 1999).

3.3 Gesprächsverlauf

1) Vorbereitungen und die Begrüßung

Ziel: Aufbau einer positiven Beziehungsebene

Werkzeuge: Unterlagen vorbereiten, positive Körpersprache, Sprachtempo und Wortwahl beachten, Eigene Funktion kurz erläutern, Namen des Klienten verwenden, Small-Talk (bei Bedarf), Sitzplatz sowie Getränk anbieten, Pacing

Frau M. trifft pünktlich zu ihrem Probetraining im Club ein

Berater: „Guten Morgen Frau M.. Ich bin Regina, es freut mich Sie persönlich kennenzulernen. Hatten sie eine gute Anfahrt?" – *Blickkontakt sowie Hände schütteln*

14

Kunde: „Hallo Regina, mich freut es auch! Ja, das war kein Problem, ich wohne ganz in der Nähe."

Berater: „Das ist ja wirklich perfekt, dann könnten Sie auch mal ganz spontan zum Training kommen."

Kunde: „Stimmt, das würde gut passen. Mit zwei Kindern kann man oft nicht so gut planen."

Berater: „Das kann ich mir vorstellen. Frau M., ich werde Sie heute in Bezug auf Ihr Training beraten, dazu möchte ich Sie gerne noch etwas besser kennenlernen. Was halten Sie davon?"

Kunde: „Das hört sich super an, danke."

Frau M. setzt sich als erstes.

Berater: „Frau M., darf ich Ihnen noch ein Glas Wasser anbieten?"

Kunde: „Ohja, das wäre sehr nett."

Berater holt ein Glas Wasser uns setzt sich ebenso an den Tisch (Blickkontakt).

2) Bedarfsanalyse:

Ziel: Ermittlung der verkaufsauslösenden Bedürfnisse, Problembewusstsein beim Kunden schaffen. Bedarf sind Aussagen des Kunden über seine Wünsche, Ziele und Bedürfnisse (Limbeck, 2017).

Werkzeuge: Offene Fragen, Aktives Zuhören, Notizen machen, unterbewusste Beweggründe beachten (Eisbergprinzip), Einwandvorbehandlung, strukturierte Vorgehensweise (Sickel, 2013), Redeanteile beachten (80/20)

Orientierungsfragen - Informationen über die Ausgangslage gewinnen

Berater: „Frau M., mir ist wichtig Ihre sportlichen und gesundheitlichen Ziele genau zu kennen, um Ihnen das optimale Trainingsprogramm zu erstellen. Was führt Sie denn heute zu uns?"

Kunde: „Eigentlich möchte ich abnehmen. Seit der Geburt meiner beiden Kinder – die mittlerweile auch schon 7 und 4 sind – habe ich jedoch kaum Zeit für mich selbst."

Positive Beziehungsebene verstärken – Verständnis zeigen

Berater: „Der Alltag mit zwei Kindern ist wahrscheinlich sehr stressig."

Kunde: „Ja und außerdem arbeite ich noch 20 Stunden in der Stadtverwaltung. Da bleibt kaum Zeit für Hobbys."

Berater: „Heute sind Sie ja schon mal hier, das ist schon mal ein Schritt in die richtige Richtung Frau M.. Wie viel möchten Sie denn gerne abnehmen?"

offene Fragen zur Aufrechterhaltung des Redeflusses

Kunde: „So eine genaue Zahl habe ich da eigentlich nicht im Kopf. Ich möchte mich einfach wieder wohl fühlen."

Berater: „Was genau heißt denn „Wohlfühlen" für Sie? Wann haben Sie sich das letzte Mal wohl gefühlt?"

Kunde: „Ach Regina, das ist schon lange her. Das war vor der Geburt meiner ersten Tochter. Damals habe ich noch regelmäßig Sport gemacht und mich besser ernährt."

Berater: „Welchen Sport haben Sie denn damals betrieben?"

Kunde: „Meistens bin ich laufen gegangen und zusätzlich etwas Krafttraining."

Berater: „Und inwiefern war Ihre Ernährung damals besser?"

Kunde: „Ich habe einfach regelmäßiger und ausgewogener gegessen. Jetzt schaffe ich das kaum. Ich weiß einfach nicht wie ich Sport in meinen Alltag integrieren kann."

Problemfragen – Probleme aufdecken und Bewusstsein beim Kunden schaffen

Berater: „In welchen Situationen fühlen Sie sich besonders unwohl?"

Kunde: „In meinem Büro sind alle schlanker als ich. Mein Mann findet mich auch nicht mehr so attraktiv wie früher. Wenn wir im Sommer mit den Kindern schwimmen gehen dann schäme ich mich für meinen Körper."

Auswirkungsfragen – Problemwahrnehmung stärken

Berater: „Frau M. danke für Ihre Offenheit. Welche Auswirkungen hat ihre Unzufriedenheit auf Ihren Alltag?"

Kunde: „Wenn ich eine stressige Woche habe fehlt mir einfach der Ausgleich. Ich esse dann ungesund und bewege mich zu wenig. Dadurch fühle ich mich noch unwohler, das ist wie eine Spirale. Im Büro habe ich auch nicht so viele Freunde gefunden. Einen romantischen Abend mit meinem Mann hatte ich deswegen auch schon lange nicht mehr."

Vermuteter Bedarf = Stress abbauen / Wohlbefinden steigern

Lösungsfragen – verdeutlichen dem Kunden den Wert der Lösung

Berater: „Was würde sich für Sie verändern, wenn sie einen Ausgleich zu Ihrem stressigen Alltag hätten und endlich wieder zufrieden mit Ihrem Körper wären?"

Kunde: „Alles wäre besser. Meine Ehe würde wieder aufblühen und im Büro könnte ich dann zeigen, was ich wirklich kann! Als ich damals regelmäßig Sport gemacht habe war ich einfach viel zufriedener und glücklicher."

Einwandvorbehandlung

Berater: „Das hört sich super an Frau M.. Was könnte Ihnen jetzt noch bei der Erreichung Ihrer Ziele im Weg stehen?"

Kunde: „Eigentlich nichts. Ich könnte aber immer nur am Abend trainieren, wenn mein Mann auf die Kinder aufpasst. Er ist vom Büro meist erst um 18 Uhr Zuhause."

Berater: „Das sollte kein Problem. Sie können 7 Tage die Woche bis 21 Uhr trainieren. Würden Sie sich diese Zeit für Ihr Wohlbefinden reservieren?"

Kunde: „Auf alle Fälle, ich freue mich schon richtig endlich wieder Zeit für mich selbst zu haben."

3) Angebot

Ziel: Nutzenorientiertes Angebot machen

Werkzeuge: Merkmale beschreiben, Vorteile aufzeigen, Nutzen liefern (Sickel, 2013)

Berater: „Frau M., in unserem Club bieten wir funktionelles Kraftausdauer Training. Sie können jeden Tag zwischen 6 und 21 Uhr trainieren. Ihre Übungen werden regelmäßig von mir angepasst und ein kostenloses Personaltraining können wir uns jederzeit vereinbaren."

Kunde: „Ich kann so oft ins Training kommen wie ich will und habe meinen eigenen Trainer?"

Berater: „Natürlich Frau M.. Das tolle ist, mit Ihrer Clubkarte können Sie auch außerhalb der Betreuungszeiten den Club betreten. Das ist natürlich ideal für Sie, da Sie ja meisten erst nach Dienstschluss Ihres Mannes das Training nutzen werden."

Kunde: „Stimmt, das ist ein großer Vorteil bei den erweiterten Öffnungszeiten."

Berater: „Als Frauensportclub sind wir optimal auf Ihre Ziele ausgerichtet. Denn mit Kraftausdauer Training verbrennen Sie nicht nur während des Trainings Kalorien, sondern durch Muskelaufbau auch im Ruhezustand Fett. In Verbindung mit unserem Ernährungskonzept können Sie also ganz ohne JoJo Effekt ihr Wunschgewicht erreichen. Wie hört sich das für Sie an?"

Kunde: „Das klingt absolut perfekt für mich!"

4) Abschluss und Nachbereitung

Ziel: Abschluss einer Mitgliedschaft

Werkzeuge: Nennung des Preises, Preis-Leistungs-Verhältnis hervorheben, Abschluss-Signale beachten

Berater: „Der gleichen Meinung bin ich auch. Frau M. ich zeige Ihnen jetzt wie Sie Mitglied bei uns werden können. Es gibt zwei Optionen: über die Laufzeit von 12-Monaten investieren Sie monatlich 59.99€ oder in Form einer Monatskarte 69.99€. Da Sie mir erzählt haben, Sie möchten dauerhaft Ihr Wohlbefinden steigern empfehle ich Ihnen die Jahresmitgliedschaft. Für welche Variante entscheiden Sie sich?"

Kunde: „Da hast du Recht Regina, ein Jahr macht mehr Sinn außerdem spare ich ja 10€ im Monat."

Berater: „Super, dann füllen wir gemeinsam Ihre Mitgliedschaft aus und vereinbaren im Anschluss Ihr erstes Training."

Frau M. und die Beraterin füllen die Mitgliedschaft aus und vereinbaren einen weiteren Termin. Relevante Informationen (Bedarfsanalyse) werden Ihrer Mitgliedschaft beigelegt.

4 Literaturverzeichnis

Bandura, A. (1992). Exercise of personal agency through the self-efficacy mechanism. In R. Schwarzer (Hrsg.), *Self-Efficacy: Thought control of action* (S. 3-38). Washington, D.C.: Hemisphere.

Bandura, A. (1977). Self-efficacy: Toward a unifying theory of behavioral change. *Psychological Review* 84 (2), 191–215.

Bandura, A. (2001). Social cognitive theory: An agentic perspective. *Annual Review of Psychology* 52, 1–26.

Bänsch, A. (2006). *Verkaufspsychologie und Verkaufstechnik* (8. Aufl.). München: Oldenbourg.

Barysch K. (2016) Selbstwirksamkeit. In: Frey D. *Psychologie der Werte*. Berlin, Heidelberg: Springer.

Beise U., Heimes S., Schwarz W. (2009). Sucht. In: *Gesundheits- und Krankheitslehre*. Berlin, Heidelberg: Springer.

Belardi, N. (2001). Klaus Sander: Personenzentrierte Beratung. Ein Arbeitsbuch für Ausbildung und Praxis. *Organisationsberatung, Supervision, Coaching, 8*(1), 93-94. Berlin: Springer

Bundeszentrale für gesundheitliche Aufklärung (2004). *Suchtprävention in der Bundesrepublik Deutschland* (Bd. 24). Köln: Bundeszentrale für gesundheitliche Aufklärung (BzgA).

Busch P. (2011). Lernpotenziale in einem beratungs- und therapieübergreifenden Modell. In: *Ökologische Lernpotenziale in Beratung und Therapie*. VS Verlag für Sozialwissenschaften: Wiesbaden.

Dilling, H., Mombour, W. & Schmidt, M. H. (2000). *Internationale Klassifikation psychischer Störungen. ICD-10 Kapitel V (F): klinisch-diagnostische Leitlinien* (8. Aufl.). Bern: Huber.

Dohnke, B., Müller-Fahrnow, W., & Knäuper, B. (2006). Der Einfluss von Ergebnis- und Selbstwirksamkeitserwartungen auf die Ergebnisse einer Rehabilitation nach Hüftgelenksersatz. *Zeitschrift für Gesundheitspsychologie, 14* (1), 11-20.

Fuchs, R. & Schwarzer, R. (1994). Selbstwirksamkeit zur sportlichen Aktivität: Reliabilität und Validität eines neuen Messinstruments. *Zeitschrift für Differentielle und Diagnostische Psychologie, 15,* S. 141-154.

Freyberger H.J., Stieglitz, R., D. (2001). Klassifikatorische Diagnostik von Störungen durch psychotrope Substanzen. In: *Suchttherapie* 2:2–8. Stuttgart: Thieme.

Haasen, C., Kutzer, A. & Schäfer I. (2010) *Bundesgesundheitsblatt* 53: 267. Zugriff am: 19.03.19. Verfügbar unter: https://doi.org/10.1007/s00103-010-1034-y

Jonas, K., & Brömer, P. (2002). Die sozial-kognitive Theorie von Bandura. In: D. Frey, & M. Irle (Hrsg.), *Theorien der Sozialpsychologie, Gruppen-, Interaktions- und Lerntheorien* (Bd. 2, S. 277–299). Bern: Huber.

Krapp, A. & Ryan, M. (2002). Selbstwirksamkeit und Lernmotivation. In: M. Jerusalem & D. Hopf (Hrsg), *Zeitschrift für Pädagogik, 44,* 54-82.

Limbeck, M. (2017). *Das neue Hardselling. Verkaufen heißt verkaufen – So kommen Sie zum Abschluss* (6., aktualisierte Auflage). Wiesbaden: Springer Gabler.

Luthans, F. (2002). Positive organizational behavior: Developing and managing psychological strengths. *Academy of Management Executive* 16 (1), 57–72.

Lück, H. E., Rechtien, W., & Sewz, G. (2011). *Personzentrierte Beratung–Möglichkeiten in neuen Tätigkeitsfeldern.* Berlin, Heidelberg: Springer.

Prochaska, J., Norcross, J., & DiClemente, C. (1997). *Jetzt fange ich neu an: das revolutionäre Sechs-Schritte-Programm für ein dauerhaft suchtfreies Leben.* Droemer, Knaur.

Prölß A., Schnell T., Koch L. (2019). Sucht. In: *Psychische StörungsBILDER.* Berlin, Heidelberg: Springer.

Rademacher L., Spreckelmeyer K. (2013). Lernen und Belohnungssystem. In: Schneider F., Fink G.R. (Hrsg.), *Funktionelle MRT in Psychiatrie und Neurologie.* Berlin, Heidelberg: Springer.

Robinson TE, Berridge KC (2000) *The psychology and neurobiology of addiction: an incentive-sensitization view. Addiction* 95 2): S 91–117.

Röhrle, B. & Sommer, G. (Hrsg.) (1999). *Prävention und Gesundheitsförderung.* Tübingen: DGVT.

Schneider, J. & Rief, W. (2007). Selbstwirksamkeitserwartungen und Therapieerfolge bei patienten mit anhaltender somatoformer Schmerzstörung. In: *Zeitschrift für Klinische Psychologie und Psychotherapie, 36 (1),* 46-56.

Schwarzer, R. & Jerusalem, M. (2002). Das Konzept der Selbstwirksamkeit. *Zeitschrift für Pädagogik, 44,* 28-53.

Schwarzer, R. (2004). *Psychologie des Gesundheitsverhaltens* (3. Aufl.). Göttingen: Hogrefe.

Sickel, C. (2013). *Verkaufsfaktor Kundennutzen. Konkreten Bedarf ermitteln, aus Kundensicht argumentieren, maßgeschneiderte Lösungen präsentieren* (6., durchges. Aufl. 2013). Wiesbaden: Springer Fachmedien Wiesbaden. https://doi.org/10.1007/978-3-658-00937-3

Sommer, J. (2005). *30 Minuten. Die NLP Erfolgsgeheimnisse der Spitzenverkäufer* (4. Aufl.). Offenbach: GABAL.

Wanke, K. (1985). *Süchtiges Verhalten*. In: Deutsche Hauptstelle gegen die Suchtgefahren (Hrsg.), S.20.

Wittchen, H.-U., Hoyer, J. (2011). *Klinische Psychologie & Psychotherapie* (2., überarbeitete und erweiterte Auflage, S. 697-767). Berlin, Heidelberg: Springer.

WHO. (1986). *Ottawa Charta*. Zugriff am 20.03.2019. Verfügbar unter http://www.euro.who.int/__data/assets/pdf_file/0006/129534/Ottawa_Charter_G.pdf

5 Abbildungs- und Tabellenverzeichnis

BEI GRIN MACHT SICH IHR WISSEN BEZAHLT

- Wir veröffentlichen Ihre Hausarbeit, Bachelor- und Masterarbeit

- Ihr eigenes eBook und Buch - weltweit in allen wichtigen Shops

- Verdienen Sie an jedem Verkauf

Jetzt bei www.GRIN.com hochladen und kostenlos publizieren